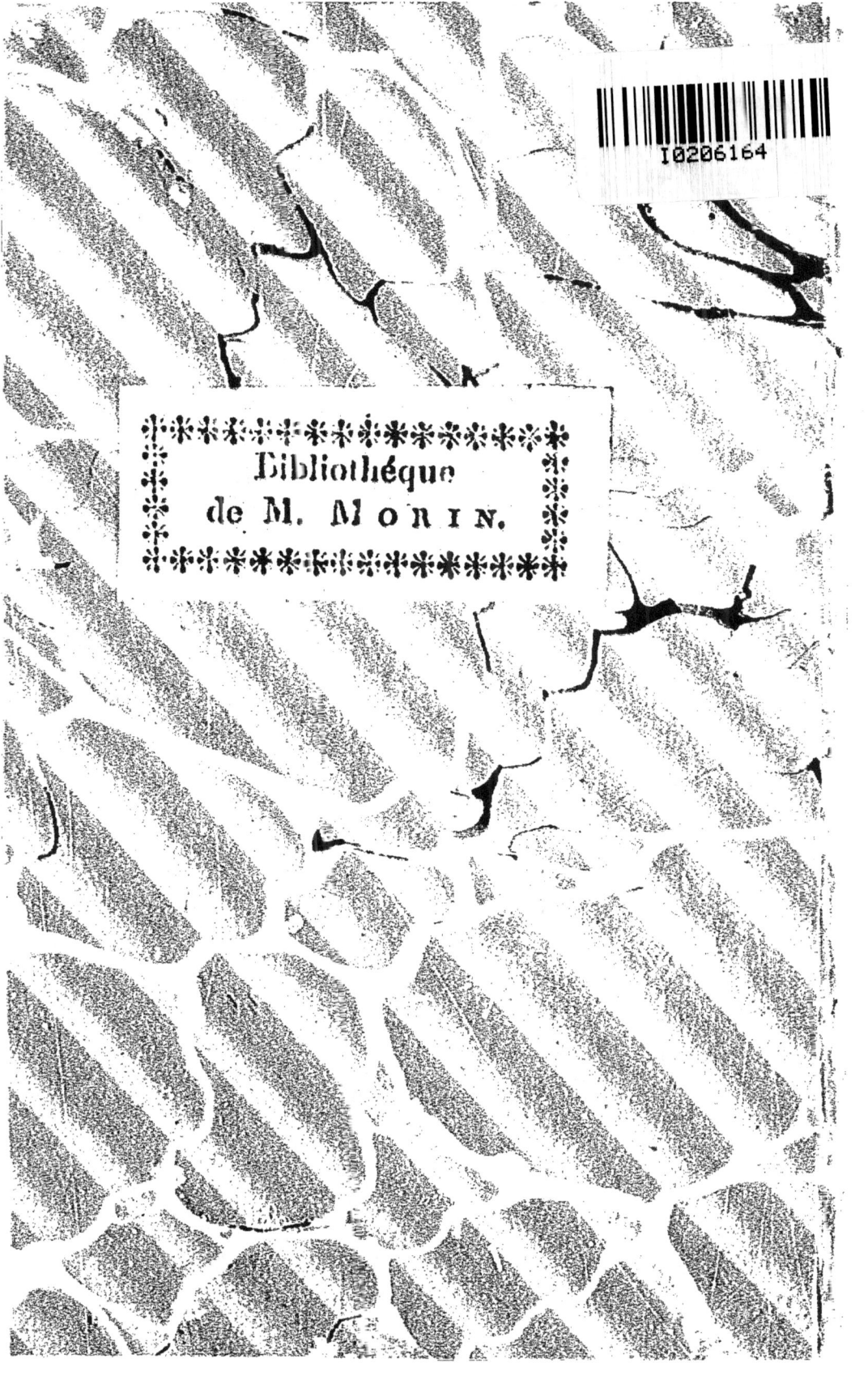

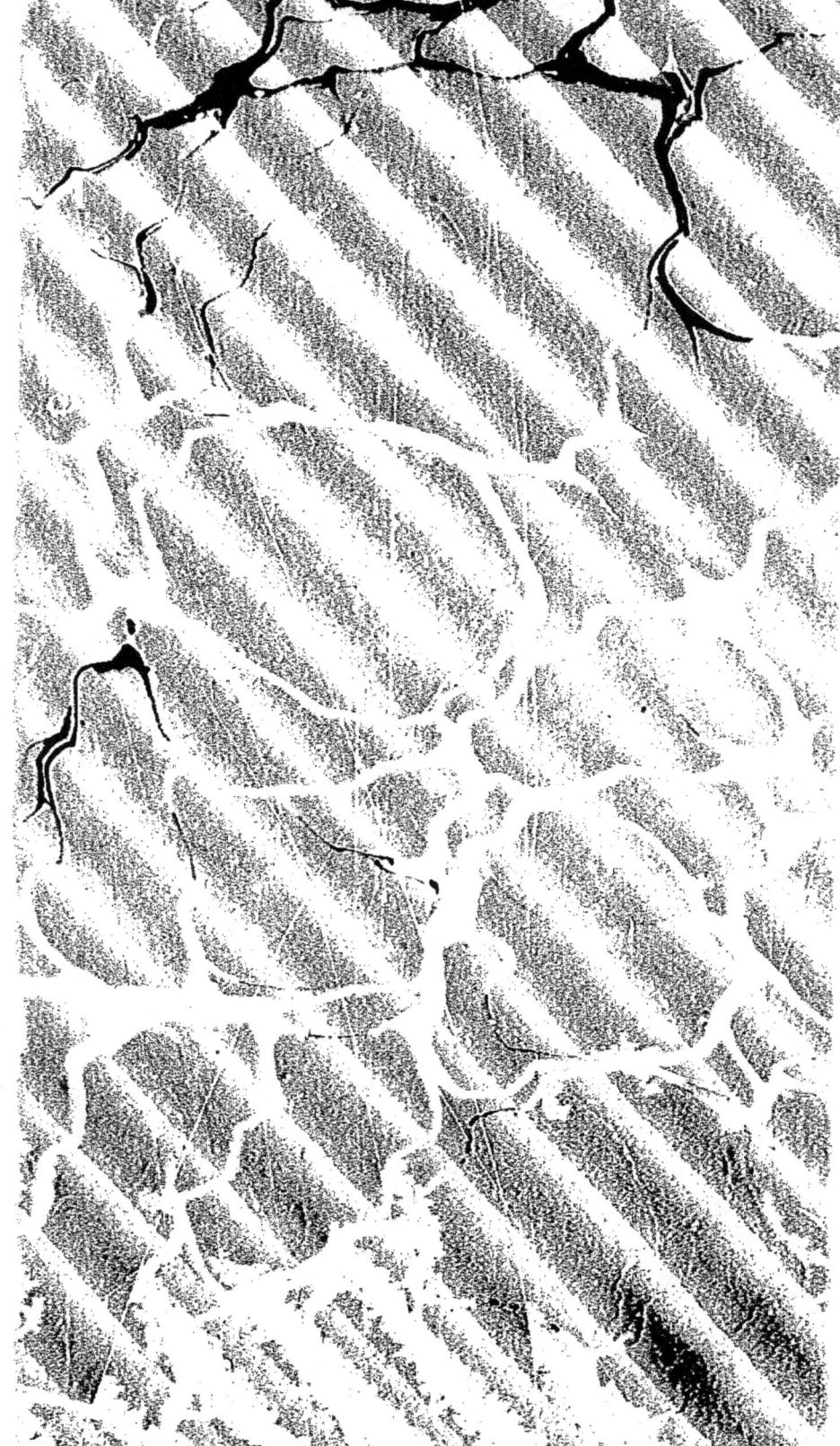

INÈS, DE CASTRO,

TRAGÉDIE,

EN CINQ ACTES, EN VERS;

PAR HOUDARD DE LA MOTTE,
de l'Académie Française.

Représentée, pour la première fois, à Paris, sur le Théâtre Français en 1723.

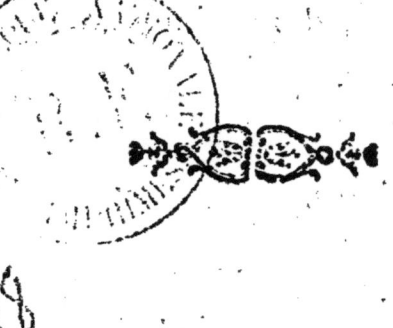

A PARIS,

Chez FAGES, Libraire, boulevard Saint-Martin, N°. 26, vis-à-vis le Théâtre des Jeunes Artistes, et rue Meslé, N°. 25.

AN X. (1802.)

PERSONNAGES.

ALPHONSE, Roi de Portugal, surnommé le Justicier.

LA REINE.

CONSTANCE, fille de la Reine, promise à Dom Pèdre.

Dom PÈDRE, fils d'Alphonse.

INÈS, fille d'honneur de la Reine, mariée secrètement à dom Pèdre.

Dom RODRIGUE, Prince, du sang de Portugal.

Dom HENRIQUE, Grand de Portugal.

Deux GRANDS, de Portugal.

L'AMBASSADEUR du Roi de Castille.

Dom FERNAND, domestique de Dom Pèdre.

La GOUVERNANTE.

Deux ENFANS.

Plusieurs Courtisans.

Un Garde.

La Scène se passe à Lisbonne, dans le palais d'Alponse.

INÈS, DE CASTRO, TRAGÉDIE.

ACTE PREMIER.

SCÈNE PREMIERE.

ALPHONSE, LA REINE, INÈS, RODRIGUE, HENRIQUE, *et plusieurs Courtisans.*

ALPHONSE.

Mon fils ne me suit point ; il a craint, je le vois,
D'être ici le témoin du bruit de ses exploits.
Vous, Rodrigue, le sang vous attache à sa gloire.
Votre valeur, Henrique, eut part à sa victoire.
Ressentez, avec moi, sa nouvelle grandeur.
Reine, de Ferdinand, voici l'ambassadeur.

SCÈNE II.

ALPHONSE, LA REINE, INÈS, RODRIGUE, HENRIQUE, *et plusieurs Courtisans;* L'AMBASSADEUR DE CASTILLE, *et sa suite.*

L'AMBASSADEUR.

La gloire dont l'Infant couvre votre famille,
Autant qu'au Portugal, est chère à la Castille,
Seigneur ; et Ferdinand, par ses ambassadeurs,
S'applaudit, avec vous, de vos nouveaux honneurs;
Goûtez, seigneur, goûtez cette gloire suprême,
Qui, dans un successeur, vous reproduit vous-même;

Qu'il est doux aux grands rois, après de longs travaux,
De se voir égaler par de si chers rivaux.
De pouvoir, le front ceint de couronnes brillantes,
En confier l'honneur à des mains si vaillantes ;
De voir croître leur nom, toujours plus redouté ;
Sûrs de vaincre long-tems par leur postérité.
Dom Pèdre sur vos pas, au sortir de l'enfance,
Vous vit, des Affricains, terrasser l'inpoçence :
Cent fois, brisant leurs forts, perçant leurs bataillons,
De ce sang téméraire inonder vos sillons :
Vous traciez la carrière où son courage vole ;
Et vos nombreux exploits ont été son école.
Dès que vous remettez votre foudre en ses mains,
Il frappe, et de nouveau tombent les Africains :
Il moissonne en courant ces troupes fugitives,
Et rapporte à vos pieds leurs dépouilles captives.
Avec vos intérêts les nôtres sont liés.
La victoire est commune entre des alliés ;
Et toute la Castille, au bruit de vos conquêtes,
Triomphante elle-même a partagé vos fêtes.

ALPHONSE.

Votre roi m'est uni du plus étroit lien :
Sa mère de son trône a passé sur le mien,
Et le même traité qui me donna sa mère,
Veut encor qu'en mon fils l'hymen lui donne un frère.
Cet hymen que hâtoient mes vœux les plus constans,
Par l'horreur des combats retardé trop long-tems,
Rassemblant aujourd'hui l'alégresse et la gloire,
Va s'achever enfin au sein de la victoire :
Heureux, que Ferdinand applaudisse au vainqueur,
Que lui-même a choisi pour l'époux de sa sœur !
Nous n'allons plus former qu'une seule famille.
Allez ; de mes desseins instruisez la Castille ;
Faites savoir au roi cet hymen triomphant,
Dont je vais couronner les exploits de l'Infant.

SCENE III.

ALPHONSE, LA REINE, INÈS.

ALPHONSE.

Oui, madame ; Constance, avec vous amenée,
Va voir, par cet hymen, fixer sa destinée ;
Peut-être que le jour qui m'unit avec vous,
Auroit dû, de mon fils, faire aussi son époux ;
Mais je ne pus alors lui refuser la grace,
Que de l'amour d'un père implora son audace :

Il n'éloignoit l'honneur de recevoir sa foi,
Que pour s'en montrer mieux digne d'elle et de moi.
Moi-même, armant son bras, j'animai son courage.
La fortune est souvent compagne de son âge :
Je prévis qu'il feroit ce qu'autrefois je fis,
Et me privai de vaincre en faveur de mon fils.
Il a, graces au ciel, passé mon espérance ;
Des Africains domptés, implorant ma clémence,
La moitié suit son char et gémit dans nos fers ;
Le reste tremble encore au fond de ces déserts.
Quels honneurs redoublés ont signalé ma joie !
Et tandis que pour lui mon transport se déploie,
Mes sujets enchantés enchérissant sur moi,
Semblent, par mille cris, le proclamer leur roi.
Madame, il est enfin digne que la princesse
Lui donne, avec sa main, l'estime et la tendresse.
Ce nœud va rendre heureux, au gré de mes souhaits,
Ce que j'ai de plus cher, mon fils et mes sujets.

LA REINE.

Ne prévoyez-vous point un peu de résistance ?
Seigneur; de votre fils la longue indifférence,
Me trouble malgré moi d'un soupçon inquiet ;
Et je crains dans son cœur quelque obstacle secret.
Auprès de la princesse il est presque farouche.
Jamais un mot d'amour n'est sorti de sa bouche.
Et de tout autre soin il paroit agité.
Il semble n'avoir pas apperçu sa beauté.
S'il résistoit, seigneur...

ALPHONSE.
     C'est prendre trop d'ombrage ;
Excusez la fierté de ce jeune courage.
C'est un héros naissant de sa gloire frappé,
Et d'un premier triomphe encor tout occupé.
Bientôt, n'en doutez pas, une juste tendresse,
De ce superbe cœur dissipera l'ivresse.
D'un heureux hymenée il sentira le prix.

LA REINE.
J'ai lieu, vous dis-je encor, de craindre ses mépris :
Eh ! qui n'eût pas pensé qu'aujourd'hui sa présence,
Dût des Ambassadeurs honorer l'audience !
Mais il n'a pas voulu vous y voir rappeler,
Des traités que son cœur refuse de sceller.
S'il résistoit, seigneur...

ALPHONSE.
     S'il résistoit, madame !
De quelle incertitude alarmez-vous mon âme ?

Mon fils me résister! Juste ciel! J'en frémis;
Mais bientôt le rebelle effaceroit le fils,
S'il poussoit jusques-là l'orgueil de sa victoire;
D'autant plus criminel qu'il s'est couvert de gloire,
Je lui ferois sentir que les plus grands exploits,
Que le sang ne l'a point affranchi de mes lois;
Que lorsqu'à mes côtés mon peuple le contemple,
C'est un pemier sujet qui doit donner l'exemple;
Et qu'un sujet sur qui se tournent tous les yeux,
S'il n'est le plus soumis, est le plus odieux.
Mais, madame, écartons de funestes images;
D'un coupable refus rejettez ces présages.
Je vais à la princesse annoncer mon dessein,
Et j'en avertirai mon fils en souverain.

SCENE IV.
LA REINE, INÈS.
LA REINE.

Tandis qu'à mon époux j'adresse ici mes plaintes,
Inès, vous entendez ses desseins et mes craintes;
Et si vous le vouliez, vous pourriez m'informer
Du mystère fatal dont je dois m'alarmer.
Vous avez de l'Infant toute la confidence,
Je ne jouirois pas sans vous de sa présence.
S'il honore ma cour, ses yeux toujours distraits,
Paroissent n'y chercher, n'y rencontrer qu'Inès.
De grace éclaircissez de trop justes alarmes.
Ma fille à ses yeux seuls n'a-t-elle point de charmes?
A ce cœur prévenu, quel funeste bandeau,
Cache ce que le ciel a formé de plus beau;
Car, quel objet jamais aussi digne de plaire,
A mieux justifié tout l'orgueil d'une mère?
Les cœurs à son aspect partagent mes transports;
La nature a pour elle épuisé ses trésors;
De cent dons précieux l'assemblage céleste,
De ses propres attraits l'oubli le plus modeste,
La vertu la plus pure empreinte sur son front,
Me devroient-ils encor laisser craindre un affront.

INÈS.

Madame, croyez-vous le prince si sauvage,
Qu'il puisse à la beauté refuser son hommage?
Jusques dans ses secrets je ne pénètre pas;
Mais avec moi souvent admirant tant d'appas,
Et de tant de vertus reconnoissant l'empire,
Ce que vous en pensez, il aimoit à le dire.

LA REINE.
Eh! pourquoi, s'il l'aimoit, ne le dire qu'à vous?
Craignez, en me trompant, d'attirer mon courroux.
Je le vois : ce n'est point la princesse qu'il aime.
Il vous parle de vous.
INÈS.
Ciel! de moi?
LA REINE.
De vous-même.
Je vous crois son amante; ou, pour m'en détromper,
Montrez-moi donc le cœur que ma main doit frapper.
Car je veux bien ici vous découvrir mon âme;
Celle qui de dom Pèdre entretiendroit la flâme,
Qui me perçant le sein des plus sensibles coups,
A ma fille oseroit disputer son époux,
Victime dévouée à toute ma colère,
Verroit où peut aller le transport d'une mère.
Ma fille est tout pour moi, plaisir, honneur, repos;
Je ne connois qu'en elle, et les biens et les maux :
Il n'est, pour la venger, nul frein qui me retienne :
Son affront est le mien, sa rivale est la mienne :
Et sa constance même à porter son malheur,
D'une nouvelle rage armeroit ma douleur.
Songez-y donc : sachez ce que le prince pense.
Il faut me découvrir l'objet de ma vengeance,
Je brûle de savoir à qui j'en dois les coups.
Livrez-moi ce qu'il aime, ou je m'en prends à vous.

SCÈNE V.

INÈS, seule.

O ciel! qu'ai-je entendu! quelle affreuse tempête,
Si j'en crois ses transports, va fondre sur ma tête!
Heureuse dans l'horreur des maux que je prévoi,
Si je n'avois encore à trembler que pour moi!

SCENE VI.

INÈS, D. PÈDRE, D. FERNAND.

INÈS.
AH! cher prince, apprenez tout ce que je redoute :
Mais faites observer qu'aucun ne nous écoute.
D. PÈDRE.
Veillez-y, dom Fernand : madame, quels malheurs
M'annonce ce visage inondé de vos pleurs?

Parlez, ne tenez plus mon âme suspendue.
####### INÈS.
Cher prince, c'en est fait : votre épouse est perdue.
####### D. PÈDRE.
Vous, perdue ! et pourquoi ces mortelles terreurs ?
####### INÈS.
Voilà ces tems cruels, ces momens pleins d'horreurs,
Qu'en vous donnant ma main prévoyoit ma tendresse.
Le roi vient d'arrêter l'hymen de la princesse :
Il va vous demander pour elle cette foi,
Qui n'est plus au pouvoir ni de vous ni de moi.
Pour comble de malheur, la reine me soupçonne :
Si vous voyiez la rage où son cœur s'abandonne,
Et tout l'emportement de ce courroux affreux,
Qu'elle voue à l'objet honoré de vos feux....
Et jusqu'où n'ira point cette fureur jalouse,
Si, cherchant une amante, elle trouve une épouse !
Et qu'elle perde enfin l'espoir de m'en punir,
Que par la seule mort qui peut nous désunir ?
####### D. PÈDRE.
Calmez-vous, chère Inès, votre frayeur m'offense :
Eh ! de qui pouvez-vous redouter la vengeance,
Quand le soin de vos jours est commis à ma foi.
####### INÈS.
Ah ! prince, pensez-vous que je craigne pour moi ?
Jugez mieux des terreurs dont je me sens saisie :
Je crains cet intérêt dont vous touche ma vie.
Je sais ce que ma mort vous coûteroit de pleurs :
Et ne crains mes dangers que comme vos malheurs.
Vous le savez : l'espoir d'être un jour couronnée,
Ne m'a point fait chercher votre auguste hyménée :
Et quand j'ai violé la loi de cet état,
Qui traite un tel hymen de rebelle attentat,
Vous savez que pour vous, me chargeant de ce crime,
De vos seuls intérêts je me fis la victime.
Cent fois dans vos transports, et le fer à la main,
Je vous ai vu tout prêt à vous percer le sein.
Consumé tous les jours d'une affreuse tristesse,
Accuser, en mourant, ma timide tendresse :
C'est à ce seul péril que mon cœur a cédé ;
Il falloit vous sauver, et j'ai tout hasardé.
Je ne m'en repends pas. Le ciel, que j'en atteste,
Voit que si mon audace, à moi seule est funeste,
Même sur l'échafaud, je chérirois l'honneur
D'avoir jusqu'à ma mort fait tout votre bonheur.
####### D. PÈDRE.
Ne doutez point, Inès, qu'une si belle flâme
De feux aussi parfaits n'ait embrasé mon âme :

Mon amour s'est accru du bonheur de l'époux.
Vous fites tout pour moi; je ferai tout pour vous.
Ardent à prévenir, à venger vos alarmes;
Que de sang payeroit la moindre de vos larmes!
Tout autre nom s'efface auprès des noms sacrés,
Qui nous ont pour jamais l'un à l'autre livrés.
Je puis contre la Reine écouter ma colère,
Et même le respect que je dois à mon père;
Si je tremblois pour vous...

INÈS.

Ah! cher prince, arrêtez;
Je frémis de l'excès où vous vous emportez.
Pour prix de mon amour, rappelez-vous sans cesse
La grace que de vous exigea ma tendresse,
Le jour heureux qu'Inès vous reçut pour époux,
Vous la vites, seigneur, tombant à vos genoux,
Vous conjurer ensemble, et de m'être fidelle,
Et de n'allumer point de guerre criminelle;
Et dans quelque péril que me jetât ma foi,
De n'oublier jamais que vous avez un roi.

D. PÈDRE.

Je ne vous promis rien; et je sens plus encore,
Qu'il n'est point de devoir contre ce que j'adore.
Si je crains pour vos jours, je vais tout hasarder,
Et vous m'êtes d'un prix à qui tout doit céder.
Mais, s'il le faut, fuyez, que le plus sûr asyle,
Sur vos jours menacés me laisse un cœur tranquille.
Emmenez sur vos pas loin de ces tristes lieux,
De notre saint hymen les gages précieux.
Aux ordres que j'attends je sais que ma réponse
Va soudain m'attirer la colère d'Alphonse.
Les Africains défaits, il ne me reste plus
Ni raison, ni prétexte à couvrir mes refus:
Il faut lui déclarer que quelque effort qu'il tente,
Je ne saurois souscrire à l'hymen de l'Infante.
Je connois de son cœur l'inflexible fierté;
Il voudra sans égard m'immoler au traité;
Et si de mes refus éclaircissant la cause,
La Reine pénétroit quel nœud sacré s'oppose...
J'en frissonne d'horreur, chère Inès: mais le roi
Vous livreroit sans doute aux rigueurs de la loi.
Et moi, désespéré... Fuyez, fuyez, madame;
De cette affreuse idée affranchissez mon âme.
Fuyez...

INÈS.

Non. En fuyant, prince, je me perdrois;
Ce qu'il nous faut cacher, je le décélerois.

Il vaut mieux demeurer. Armons-nous de constance ;
Dissipons les soupçons de notre intelligence ;
Ne nous revoyons plus : et contraignant nos feux,
Réservons ces transports pour des jours plus heureux.
D. PÈDRE.
J'y consens, chère Inès. Alphonse va m'entendre :
Cachez bien l'intérêt que vous pouvez y prendre.
INÈS.
Que me promettre, hélas ! de ma foible raison :
Moi qui ne puis sans trouble entendre votre nom.
D. PÈDRE.
Adieu. Reposez-vous sur la foi qui m'engage.
Dans cet embrassement recevez-en le gage.
Séparons-nous.
INÈS.
J'ai peine à sortir de ce lieu ;
Nous nous disons peut-être un éternel adieu.

Fin du premier Acte.

ACTE II.

SCÈNE PREMIÈRE.
CONSTANCE, ALPHONSE.
CONSTANCE.
Quoi ! me flattai-je en vain, seigneur, que ma prière
Touche un roi que je dois regarder comme un père ?
Et ne puis-je obtenir, que par égard pour moi
Vous n'alliez pas d'un fils solliciter la foi ?
Ne vaudroit-il pas mieux que de notre hyménée,
Lui-même impatient vînt hâter la journée :
Qu'il en pressât les nœuds, et que cet heureux jour
Fût marqué par sa foi moins que par son amour.
A le précipiter, qui peut donc vous contraindre ?
D'un injuste délai m'entendez-vous me plaindre ?
Je sais par quels sermens ces nœuds sont arrêtés.
Mais le tems n'en est pas prescrit par les traités.
Et mon frère chargea votre seule prudence,
D'unir, pour leur bonheur, votre fils et Constance.
ALPHONSE.
Je ne suis point surpris, madame, en ce moment,
De vous voir témoigner si peu d'empressement.

Cette noble fierté sied mieux que le murmure.
Mais de plus longs délais nous feroient trop d'injure :
Et moins vous vous plaignez, plus vous me faites voir,
Que je dois n'écouter ici que le devoir.
Par mes ordres, mon fils dans ces lieux va se rendre.
Le dessein en est pris : et je vais lui apprendre...

CONSTANCE.

Ah! de grace, seigneur, ne précipitez rien.
Entre vos intérêts, daignez compter le mien.
Si depuis qu'en ces lieux j'accompagnai ma mère,
Vous m'avez toujours vue attentive à vous plaire ;
Si toute ma tendresse et mes respects profonds,
Et de fille et de père ont devancé les noms ;
Daignez attendre encor...

ALPHONSE.

De tant de résistance,
Je ne sais à mon tour ce qu'il faut que je pense.
L'Infant est-il pour vous un objet odieux ?
Et ce prince à tel point a-t-il blessé vos yeux,
Que vous trouviez sa main indigne de la vôtre?
Pourquoi craindre l'instant qui vous joint l'un à l'autre?
J'ai peine à concevoir, madame, que mon fils
Soit aux yeux de Constance un objet de mépris.

CONSTANCE.

Un objet de mépris ! hélas, s'il pouvoit l'être !
Si moins digne, seigneur, du sang qui l'a fait naître,
Son hymen à mes yeux n'offroit pas un héros,
J'attendrois sa réponse avec plus de repos.
Mais je ne feindrai pas de le dire à vous-même ;
Je ne la crains, seigneur, que parce que je l'aime.
Souffrez qu'en votre sein j'épanche mon secret :
Quel autre confident plus tendre et plus discret,
Pourroit jamais choisir une si belle flâme?
L'aspect de votre fils troubla d'abord mon âme,
Des mouvemens soudains inconnus à mon cœur,
Du devoir de l'aimer firent tout mon bonheur :
Et vous jugez combien dans mon âme charmée,
S'est accru cet amour, avec sa renommée.
Quand on vous racontoit sur l'Africain jaloux,
Tant d'exploits étonnans, s'il n'étoit né de vous,
Par quels vœux près de lui j'appelois la victoire!
Par combien de soupirs célébrois-je sa gloire !
Enfin je l'ai revu triomphant : et mon cœur
S'est lié pour jamais au char de ce vainqueur.
Cependant, malheureuse, autant il m'intéresse,
Autant je me sens loin d'obtenir sa tendresse ;
Objet infortuné de ses tristes tiédeurs,

Je dévore en secret mes soupirs et mes pleurs;
Mais il me reste au moins une foible espérance,
De trouver quelque terme à son indifférence:
Tout renfermé qu'il est, l'excès de mon amour
Me promet le bonheur de l'attendrir un jour.
Attendez-le, seigneur, ce jour, où plus heureuse,
Je fléchirai pour moi son âme généreuse:
Et ne m'exposez pas à l'horreur de souffrir
La honte d'un refus dont il faudroit mourir.

ALPHONSE.

Ma fille, car l'aveu que vous daignez me faire,
Vient d'émouvoir pour vous des entrailles de père:
Ces noms intéressans flattent déjà mon cœur;
Et je me hâte ici d'en goûter la douceur.
Ne vous alarmez point d'un malheur impossible.
Mon fils à tant d'attraits ne peut être insensible.
Et quoique vous pensiez, vous verrez dès ce jour
Et son obéissance, et même son amour.
Je vais....

UN GARDE.

Le prince vient, seigneur.

CONSTANCE.

Je me retire.
Mais si mes pleurs sur vous ont encor quelque empire..

ALPHONSE.

Cessez de m'affliger par cet injuste effroi;
Et de votre bonheur reposez-vous sur moi.

SCENE II.

ALPHONSE, DOM PÈDRE.

ALPHONSE.

Les peuples ont assez célébré vos conquêtes,
Prince: il est tems enfin que de plus douces fêtes
Signalent cet hymen entre deux rois juré,
Digne prix des exploits qui l'ont trop différé;
Cet hymen que l'amour, s'il faut que je m'explique,
Devroit presser encor plus que la politique:
Qui présente à vos yeux des vertus, des appas
Que l'Univers entier ne présenteroit pas.
Je m'étonne toujours que sur cette alliance,
Vous m'ayez laissé voir si peu d'impatience;
Que loin de me presser de couronner vos feux,
Il vous faille avertir, ordonner d'être heureux.

D. PÈDRE.
J'espérois plus, seigneur, de l'amitié d'un père.
N'étoit-ce pas assez m'expliquer, que me taire?
J'ai cru sur cet hymen que mon roi voudroit bien
Entendre mon silence, et ne m'ordonner rien.
ALPHONSE.
Ne vous ordonner rien!... A ce mot, téméraire,
Je sens que je commande à peine à ma colère;
Et si je m'en croyois... Mais, prince, ma bonté
Se dissimule encor votre témérité.
Ne croyez pas qu'ici je vous fasse une offense,
De dérober votre âme au pouvoir de Constance,
D'opposer à ses yeux la farouche fierté
D'un cœur inaccessible aux traits de la beauté :
Mais vous figurez-vous que ces grands hyménées,
Qui des enfans des rois reglent les destinées,
Attendent le concert des vulgaires ardeurs,
Et pour être achevés, veuillent l'aveu des cœurs?
Non, prince, loin du trône un penser si bizarre;
C'est par d'autres ressorts que le ciel les prépare.
Nous sommes affranchis de la commune loi;
L'intérêt des états donne seul notre foi.
Laissons à nos sujets cet égard populaire,
De n'approuver d'hymen que celui qui sait plaire,
D'y chercher le rapport des cœurs et des esprits;
Mais ce bonheur pour nous n'est pas d'assez haut prix;
Il nous est glorieux qu'un hymen politique,
Assure à nos dépends la fortune publique.
D. PÈDRE.
C'est pousser un peu loin ces maximes d'Etat,
Et je ne croirai point commettre un attentat,
De vous dire, seigneur, que malgré ces maximes,
La nature a ses droits plus saints, plus légitimes.
Le plus vil des mortels dispose de sa foi :
Ce droit n'est-il éteint que pour le fils d'un roi?
Et l'honneur d'être né si près du rang suprême,
Me doit-il en esclave arracher à moi-même?
Déjà de mes discours frémit votre courroux:
Mais regardez, seigneur, un fils à vos genoux;
Prêtez à mes raisons une oreille de père.
Lorsque de Ferdinand vous obtintes la mère;
Sans daigner consulter ni mes yeux, ni mon cœur,
Votre foi m'engagea, me promit à sa sœur.
Je sais que la vertu, les traits de la princesse
Ne vous ont pas laissé douter de ma tendresse :
Vous ne pouviez prévoir cet obstacle secret
Que le fond de mon cœur vous oppose à regret:

Et cependant il faut que je vous le révèle :
Je sens trop que le ciel ne m'a point fait pour elle :
Qu'avec quelque beauté qu'il l'ait voulu former,
Mon destin pour jamais me défend de l'aimer.
Si mes jours vous sont chers ; si depuis mon enfance,
Vous pouvez vous louer de mon obéissance ;
Si par quelques vertus et par d'heureux exploits,
Je me suis montré fils du plus grand de nos rois :
Laissez aux droits du sang céder la politique.
Épargnez-moi, de grace, un ordre tyrannique.
N'accablez point un cœur, qui ne peut se trahir,
Du mortel désespoir de vous désobéir.

ALPHONSE.

Je vous aime, et déjà d'un discours qui m'offense
Vous auriez éprouvé la sévère vengeance,
Si malgré mon courroux, ce cœur trop paternel
N'hésitoit à trouver en vous un criminel ;
Mais ne vous flattez point de cet espoir frivole,
Que mon amour pour vous balance ma parole.
Écouterois-je ici vos rebelles froideurs,
Tandis qu'à Ferdinand, par ses ambassadeurs,
Je viens de confirmer l'alliance jurée ?
Eh ! que devient des rois la majesté sacrée,
Si leur foi ne peut pas rassurer les mortels,
Si leur trône ne peut autant que les autels,
Et si de leurs traités l'engagement suprême,
N'étoit pas à leurs yeux le décret de dieu même ;
Mais en rompant les nœuds qui vous ont engagé,
Voulez-vous que bientôt Ferdinand outragé,
Nous jurant désormais une guerre éternelle,
Accoure se venger d'un voisin infidelle ?
Que des fleuves de sang...

D. PÈDRE.

Ah ! seigneur, est-ce à vous
A craindre d'allumer un si foible courroux ?
Bravez des ennemis que vous pouvez abattre.
Quand on est sûr de vaincre, a-t-on peur de combattre ?
La victoire a toujours couronné vos combats ;
Et j'ai moi-même appris à vaincre sur vos pas.
Pourquoi ne pas saisir des palmes toutes prêtes ?
Embrassez un prétexte à de vastes conquêtes ;
Soumettez la Castille, et que tous vos voisins
Subissent l'ascendant de vos nobles destins ;
Heureux, si je pouvois, dans l'ardeur de vous plaire,
Sceller de tout mon sang la gloire de mon père.

ALPHONSE.

Vos fureurs ne sont pas une règle pour moi,

Vous parlez en soldat : je dois agir en roi.
Quel est donc l'héritier que je laisse à l'empire ?
Un jeune audacieux dont le cœur ne respire
Que les sanglans combats, les injustes projets ;
Prêt à compter pour rien le sang de ses sujets.
Je plains le Portugal des maux que lui prépare
De ce cœur effréné l'ambition barbare.
Est-ce pour conquérir que le ciel fit les rois ?
N'auroit-il donc rangé les peuples sous nos lois,
Qu'afin qu'à notre gré la folle tyrannie ;
Osât impunément se jouer de leur vie ?
Ah ! jugez mieux du trône : et connoissez, mon fils,
A quel titre sacré nous y sommes assis :
Du sang de nos sujets, sages dépositaires,
Nous ne sommes pas tant leurs maitres que leurs pères ;
Au péril de nos jours il faut les rendre heureux ;
Ne conclure ni paix, ni guerre que pour eux ;
Ne connoitre d'honneur que dans leur avantage :
Et quand dans cet excès notre aveugle courage,
Pour une gloire injuste expose leurs destins,
Nous nous montrons leurs rois, moins que leurs assassins.
Songez-y : quand ma mort, tous les jours plus prochaine,
Aura mis en vos mains la grandeur souveraine,
Rappelez ces devoirs, et les accomplissez.
Aujourd'hui mon sujet, dom Pèdre, obéissez ;
Et sans plus me lasser de votre résistance,
Dégagez ma parole, en épousant Constance.
En un mot, je le veux.

     D. PÈDRE.
      Seigneur, ce que je suis,
Ne me permet aussi qu'un mot... Je ne le puis.

SCÈNE III.

ALPHONSE, DOM PÈDRE, LA REINE, INÈS.

ALPHONSE.

Madame, qui l'eût cru ! je rougis de le dire,
Le rebelle résiste à ce que je désire ;
Et malgré mes bontés, vient de me laisser voir,
Cet inflexible orgueil que je n'osois prévoir ;
Par l'affront solemnel qu'il fait à la Castille,
Il me couvre de honte, et vous et votre fille :
Et je ne comprends pas, par quel enchantement
J'en puis suspendre encor le juste châtiment.
N'est-ce point qu'à ce crime un autre l'enhardisse ?
Si de sa résistance il a quelque complice.

La Reine.
Sa complice, seigneur; vous la voyez.
Alphonse.
Inès!
Inès.
Moi!
La Reine.
Le prince séduit par ses foibles attraits,
Et plus sans doute encor par beaucoup d'artifice,
S'applaudit de lui faire un si grand sacrifice,
Il immole ma fille à cet indigne amour.
J'en ai prévu l'obstacle; et depuis plus d'un jour,
Les regards de l'ingrat, toujours fixés sur elle,
M'en avoient annoncé la funeste nouvelle.
Tantôt, à la perfide exposant mes douleurs,
J'étudiois ses yeux que trahissoient les pleurs;
Et son trouble perçant à travers son silence,
Me découvroit assez l'objet de ma vengeance.
A peine je sortois; tous deux ils se sont vus;
Ils se sont en secret long-tems entretenus;
Et tous deux confirmant mes premières alarmes,
Ne se sont séparés que baignés de leurs larmes.
Regardez même encor ce coupable embarras...
Inès, *au roi.*
C'est en vain qu'on m'accuse; et vous ne croirez pas...
D. Pèdre.
Ne désavouez point, Inès, que je vous aime.
Seigneur, loin d'en rougir, j'en fais gloire moi-même?
Mais, laissez sur moi seul tomber votre courroux.
Inès n'est point coupable, et jamais...
Alphonse.
(*à la reine.*) Taisez-vous.
Madame, en attendant qu'elle se justifie,
Je veux qu'on la retienne, et je vous la confie.
Dans son appartement qu'on la fasse garder.
D. Pèdre.
O ciel! en quelles mains l'allez-vous hasarder?
Vous exposez ses jours...
Alphonse.
Sortez de ma présence,
Ingrat; je mets encor un terme à ma vengeance:
Vous pouvez dans ce jour réparer vos refus:
Mais ce jour expiré, je ne vous connois plus.
Sortez...
D. Pèdre.
Ah! pour Inès, tant de rigueur m'accable;
(*à part.*)
Je sors...: mais je crains bien de revenir coupable.

SCENE IV.
ALPHONSE, LA REINE, INÈS.
ALPHONSE.

C'en est donc fait, l'ingrat se soustrait à ma loi.
Que vais-je devenir! serai-je père ou roi?
Comment sortir du trouble où son orgueil me livre?
Ciel! daigne m'inspirer le parti qu'il faut suivre.

SCENE V.
LA REINE, INÈS.
LA REINE.

Vous ne voyez ici que cœurs désespérés :
Mais, je vous tiens captive, et vous m'en répondrez.
Quand le roi laisseroit désarmer sa colère,
Vous ne fléchirez point une jalouse mère ;
Et je vous jure ici que mon ressentiment
N'aura pas vu rougir ma fille impunément.
Peut-être, si j'en crois la fureur qui me guide,
Sera-ce encor trop peu du sang d'une perfide :
Et le prince cruel qui nous ose outrager
Pourroit... Vous pâlissez à ce nouveau danger.
Tremblez : plus de vos cœurs je vois l'intelligence,
Plus votre frayeur même en hâte la vengeance.

SCENE VI.
LA REINE, INÈS, CONSTANCE.
LA REINE.

Ah, ma fille !...
CONSTANCE.
De quoi m'allez-vous informer,
Madame? Tout, ici, conspire à m'alarmer.
J'ai vu sortir le prince, enflammé de colère :
Et la même fureur éclate au front d'un père.
De quels malheurs...
LA REINE.
Le prince ose vous refuser.
Voilà, voilà l'objet qui vous fait mépriser.

C

Garde, conduisez-la. Ma fille est outragée :
Mais, dussai-je en périr, elle sera vengée.
CONSTANCE.
Ah ! ne vous chargez pas de ces barbares soins ;
Quand je serai vengée, en souffrirai-je moins ?

Fin du second Acte.

ACTE III.

SCÈNE PREMIERE.
ALPHONSE, LA REINE.

ALPHONSE.

Oui, qu'elle vienne, avant que mon cœur s'abandonne
Aux conseils violens que le courroux lui donne.
Il faut, de la prudence empruntant le secours,
D'un trouble encor naissant interrompre le cours.
Voyons Inès : suivons ce que le ciel m'inspire ;
Dans le fond de son cœur je me promets de lire.
Madame, je l'attends ; qu'on la fasse venir :
Je vais voir si je dois pardonner ou punir.

LA REINE.

Eh ! peut-elle, seigneur, n'être pas criminelle ?
L'amour seul qu'elle inspire est un crime pour elle :
Mais elle ne s'est pas bornée à le souffrir ;
Soigneuse de l'accroître, ardente à le nourrir,
Et plus superbe encor par l'hymen qu'elle arrête,
Elle s'est tout permis pour garder sa conquête.
Un des siens me le vient avouer à regret :
Tous les jours auprès d'elle introduit en secret,
Le prince ne suivant qu'un fol amour pour guide,
Va de ses entretiens goûter l'appât perfide :
Sans doute à la révolte elle ose l'enhardir.
La laisserez-vous donc encor s'en applaudir ;
Au lieu d'intimider, aux dépends de sa vie,
Celles que séduiroit son audace impunie.
De la sévérité, si vous craignez l'excès ;
De la douceur aussi quel seroit le succès ?
Voulez-vous tous les jours qu'une fière sujette,
Des enfans de ses rois médite la défaite ?
Que profitant d'un âge ouvert aux vains désirs,
Où le cœur imprudent vole aux premiers plaisirs ;

Elle usurpe sur eux un pouvoir qui nous brave,
Et dans ses souverains se choisisse un esclave :
Délivrez vos enfans de ce funeste écueil,
De ces fières beautés épouvantez l'orgueil ;
Et qu'Inès condamnée apprenne à ces rebelles,
A respecter des cœurs trop élevés pour elles.

ALPHONSE.

Je voulois la punir ; et mon premier transport
Avec vos sentimens n'étoit que trop d'accord ;
Mais je ne suis pas roi pour céder sans prudence,
Aux premiers mouvemens d'une aveugle vengeance :
Il est d'autres moyens que je dois éprouver :
Ordonnez qu'elle vienne à l'instant me trouver.

SCÈNE II.

ALPHONSE, seul.

O ciel ! tu vois l'horreur du sort qui me menace !
Je crains toujours qu'un fils consommant son audace,
Ne me réduise enfin à la nécessité,
De punir malgré moi sa coupable fierté.
N'oppose point en moi le monarque et le père ;
Chasse loin de mon fils ce transport téméraire ;
Je vais lui enlever l'objet de tous ses vœux ;
Fais qu'à ses feux éteints succèdent d'autres feux ;
Qu'il perde son amour en perdant l'espérance :
Protège, juste ciel, daigne aider ma prudence.

SCÈNE III.

ALPHONSE, INÈS.

ALPHONSE.

Venez, venez, Inès, peut-être attendez-vous
Un rigoureux arrêt dicté par le courroux :
Vous jettez la discorde au sein de ma famille ;
Contre le Portugal vous armez la Castille :
Et vos yeux, seul obstacle à ce que j'ai promis,
M'alarment plus ici qu'un peuple d'ennemis.
Je veux bien cependant ne pas croire, madame,
Que d'un fils indiscret vous approuviez la flâme ;
Ni qu'en entretenant ses transports furieux,
Votre cœur ait eu part au crime de vos yeux.
Je ne punirai point des malheurs, que peut-être,
Malgré votre vertu, vos charmes ont fait naître ;

Quoiqu'il en soit enfin, je veux bien l'ignorer;
Sans rien approfondir, il faut tout réparer.

INÈS.

Je l'ai bien cru, seigneur, d'un monarque équitable,
Qu'il ne se plairoit pas à me croire coupable:
Que lui-même plaignant l'état où je me voi,
Ne m'accableroit pas...

ALPHONSE.

Inès, écoutez-moi.
De vos nobles ayeux je garde la mémoire:
Du sceptre que je porte ils ont accru la gloire:
Votre sang illustré par cent fameux exploits,
Ne le cède en ces lieux qu'à celui de vos rois;
Sur-tout à votre ayeul, guide de mon enfance,
Je sais ce que mon cœur doit de reconnoissance.
C'est ce sage héros qui m'apprit à régner,
Et par lui la vertu prit soin de m'enseigner,
Comme on doit soutenir le poids d'une couronne,
Pour mériter les noms que l'Univers me donne.
D'un service si grand plus je vous peins l'éclat,
Plus vous voyez combien je craindrois d'être ingrat.
Recevez-donc le prix de ce peu de sagesse,
Que dès mes jeunes ans je dûs à sa vieillesse;
Et vous-même jugez par d'illustres effets,
Si je sais aux services égaler les bienfaits.
Rodrigue est de mon sang: il vous aime, madame:
Il m'a souvent pressé de couronner sa flâme.
Je vous donne à ce prince; et par un si beau don,
Alphonse ne craint point d'avilir sa maison.
Mes peuples, par le rang où ce choix vous appelle,
Connoîtront de quel prix m'est un ami fidelle.
Je vais par vos honneurs apprendre au Portugal,
Que qui forme les rois, est presque leur égal.

INÈS.

Des services des miens vantez moins l'importance,
L'honneur de vous les rendre en fut la récompense.
S'ils ont versé leur sang, il étoit votre bien:
Ils ont fait leur devoir; vous ne leur devez rien.
Mais si trop généreux, votre bonté suprême
Vouloit en moi, seigneur, payer leur devoir même,
Je vous demanderois pour unique faveur,
De me laisser toujours maitresse de mon cœur.
Rodrigue par ses feux ne sert qu'à me confondre;
Je ne sens que l'ennui de n'y pouvoir répondre.
Eh! que me serviroient les honneurs éclatans
D'un hymen que jamais l'amour...

ALPHONSE.

Je vous entends,
Superbe ; ce discours confirme mes alarmes.
Je vois à quels excès va l'orgueil de vos charmes.
Quoi ! c'est donc pour mon fils que vous vous réservez ?
Et c'est contre son roi, vous qui le soulevez ?
Il vous tarde à tous deux qu'une mort désirée
Ne tranche de mes jours l'incommode durée.
Je gêne de vos feux l'ambitieuse ardeur.
Mon fils doit avec vous partager sa grandeur ;
Et le rebelle en proie à l'amour qui l'entraîne,
Ne brûle d'être roi, que pour vous faire reine.
Que sais-je même encor, si plus impatient,
Au mépris de la loi, peut-être l'oubliant,
Votre amour n'auroit point réglé sa destinée,
Et bravé les dangers d'un secret hymenée !

INÈS.

O ciel ! que pensez-vous ?

ALPHONSE.

Si jamais vous l'osiez,
Si d'un nœud criminel je vous savois liés ;
Téméraire, tremblez : n'espérez point de grace ;
L'opprobre et le supplice expieroient votre audace.
C'est votre même ayeul, dont je vante la foi,
Qui pour l'honneur du trône, en a dicté la loi ;
Et jusques sur son sang, s'il se trouvoit coupable,
Me força d'en jurer l'exemple inviolable.
Il sembloit qu'il prévît l'objet de mon courroux,
Et qu'il faudroit un jour le signaler sur vous.
Inès, si vous osiez justifier ses craintes,
C'est lui que j'en atteste : insensible à vos plaintes,
Et prompt à prévenir des exemples pareils,
Aux dépends de vos jours, je suivrois ses conseils.

SCENE IV.

LA REINE, ALPHONSE, INÈS.

LA REINE.

AH ! seigneur, prévenez la dernière disgrace ;
Le coupable dom Pèdre est déjà dans la place,
La fureur dans les yeux, les armes à la main,
Suivi d'un peuple prêt à servir son dessein.
De tous côtés s'élève une clameur rebelle ;
Chaque moment grossit la troupe criminelle :
Tous jurent de le suivre, et leurs cris aujourd'hui
Ne reconnoissent plus de souverain que lui.

De ce palais sans doute ils vont forcer la garde.
ALPHONSE.
Ciel ! à cet attentat faut-il qu'il se hasarde !
Malheur que je n'ai pu prévoir, ni prévenir !
C'en est fait. Allons donc me perdre ou le punir.
(*A la reine.*)
Vous, retenez Inès.

SCÈNE V.
LA REINE, INÈS.
LA REINE.

VOILA donc votre ouvrage! Perfide!

INÈS.
Epargnez-vous la menace et l'outrage,
Madame, puis-je craindre un impuissant courroux,
Quand je suis mille fois plus à plaindre que vous ?
Hélas ! d'Alphonse seul le sort vous inquiète.
Si dom Pèdre périt, vous êtes satisfaite :
L'un et l'autre péril accable mes esprits ;
Et je crains pour Alphonse autant que pour son fils.
Quelque succès qu'il ait ; qu'il triomphe ou qu'il meure,
Puisqu'il est criminel, il faut que je le pleure :
Et c'est la même peine à ce cœur abattu,
D'avoir à regretter sa vie ou sa vertu.

LA REINE.
Osez-vous affecter ce chagrin magnanime,
Cruelle, quand c'est vous qui le forcez au crime ?
Quand vous voyez l'effet d'un amour applaudi,
Que du moins par l'espoir vous avez enhardi ;
Mais que fais-je ? Pourquoi perdre ici des paroles ?
La haine n'entre point dans ces détails frivoles ;
Et que ce soit ou non, l'ouvrage de vos soins,
On vous aime, il suffit, je ne vous hais pas moins.
De dom Pèdre et de vous, mes malheurs sont le crime :
Puissiez-vous, l'un et l'autre, en être la victime.
Quel bruit entends-je ? O ciel ! c'est l'Infant que je vois.
O désespoir ! sachons ce que devient le roi.

SCÈNE VI.

DOM PÈDRE, INÈS.

D. PÈDRE, *l'épée à la main.*

Enfin, à la fureur d'une fière ennemie,
Je puis, ma chère Inès, dérober votre vie,
Venez...

INÈS.

Qu'avez-vous fait, prince ; et faut-il vous voir,
Pour mes malheureux jours, trahir votre devoir ?
Quoi ! dom Pèdre, l'objet d'une flâme si belle,
N'est plus qu'un fils ingrat et qu'un sujet rebelle ?
Voilà donc tout le fruit d'un funeste lien ?
Votre crime aujourd'hui m'éclaire sur le mien :
Mais, qu'apperçois-je ? ô ciel ! quel sang teint cette épée ?
J'en frémis ; dans quel sang l'auriez-vous donc trempée ?

D. PÈDRE.

Par ces doutes affreux, vous me glacez d'horreur.
Non, j'ai de ce péril affranchi ma fureur ;
Aux portes du palais, dès que j'ai vu mon père
A nos premiers efforts opposer sa colère,
J'ai fui de sa présence, et quittant les mutins,
Je me suis jusqu'à vous ouvert d'autres chemins,
Et sur quelques soldats laissant tomber ma rage,
De qui m'a résisté la mort m'a fait passage.
Hâtez-vous, suivez-moi.

INÈS.

Non ; ne l'espérez pas :
Prince, je crains le crime, et non point le trépas.
Dans ce désordre affreux, je ne puis vous entendre,
Allez à votre père, et courez le défendre.
Allez mettre à ses pieds ce fer séditieux ;
Méritez votre grace, ou mourez à ses yeux.
Je souffrirai bien moins du destin qui m'accable,
A vous perdre innocent, qu'à vous sauver coupable.

D. PÈDRE.

Laissez-moi mettre au moins vos jours en sûreté,
Je ne crains que pour vous un monarque irrité.
Laissez-moi remporter ce fruit de mon audace,
Et je reviens alors lui demander ma grace.
J'écoute jusques-là l'inflexible courroux,
Et ne puis rien sur moi, tant que je crains pour vous.

INÈS.

Ah ! par tout ce qu'Inès eut sur vous de puissance,
Reprenez, s'il se peut, toute votre innocence.

Allez désavouer de coupables transports ;
Pour prix de mon amour, donnez-moi vos remords.
Mais si vous m'en croyez, moins qu'une aveugle rage,
Je demeure en ces lieux, et j'y suis votre ôtage.
D. PÈDRE.
Quoi ! barbare, osez-vous refuser mon secours ?

SCÈNE VII.
CONSTANCE, D. PÈDRE, INÈS.
CONSTANCE.
AH ! dom Pèdre, fuyez : il y va de vos jours.
Vous allez voir Alphonse, et sa seule présence
A, des séditieux, désarmé l'insolence.
Ils n'ont pu soutenir, sur son front irrité,
La fureur confondue avec la majesté.
Tout est paisible. Il vient ; et sa colère aigrie,
S'il vous voit...
D. PÈDRE.
Est-ce à vous de trembler pour ma vie,
Généreuse princesse ? Et par quelle bonté,
Prendre un soin que dom Pèdre a si peu mérité ?
CONSTANCE.
D'un vulgaire dépit j'étouffe le murmure.
Je vois trop vos dangers, pour sentir mon injure.
Ne perdez point de tems ; hâtez-vous, et fuyez :
Je vous pardonne tout, pourvu que vous viviez.
Ne vous exposez point à la rigueur fatale...
Fuyez, vous dis-je encor, fut-ce avec ma rivale.
O ciel ! le roi paroît.

SCÈNE VIII.
ALPHONSE, CONSTANCE, DOM PÈDRE, INÈS, LA REINE.
ALPHONSE, *sans voir dom Pèdre.*
Oui, trop coupable fils,
De ta rebellion tu recevras le prix.
Rien ne peut te sauver... Mais, je vois le perfide.
Eh bien ! ton bras est-il tout prêt au parricide ?
Traître ! rends ton épée, ou m'en perce le sein.
Choisis...

D. PÈDRE.
Ce mot, seigneur, l'arrache de ma main.
En vous la remettant, ma perte est infaillible.
Je ne connois que trop votre cœur inflexible;
Mais je ne puis, malgré le péril que je cours,
Balancer un moment mon devoir et mes jours.
Disposez-en, seigneur: mais que votre vengeance
Sache au moins discerner le crime et l'innocence.
C'est pour sauver Inès, que je m'étois armé;
J'en ai cru sans égard mon amour alarmé;
Et je la dérobois au sort qui la menace,
Si sa vertu se fût prêtée à mon audace.
Je n'ai pu la fléchir, et bravant mon effroi,
Elle veut en ces lieux, vous répondre de moi.
Reconnoissez du moins ce courage héroïque.
(montrant la Reine.)
Délivrez-la, seigneur, d'une main tyrannique,
Qui pourroit...

ALPHONSE.
Tu devrois t'occuper d'autres soins.
Tu la servirois mieux en la défendant moins.
Crains pour elle et pour toi.

D. PÈDRE.
S'il faut qu'elle périsse,
Hâtez-vous donc, seigneur, d'ordonner mon supplice.
Songez, si vous n'usez d'une prompte rigueur,
Que tant que je respire il lui reste un vengeur.
Vainement vous croyez la révolte calmée?
Il ne faut qu'un instant pour la voir ralumée.
Le peuple, malgré vous, peut briser ma prison.
Je ne connoîtrois plus ni devoir, ni raison.
Par des torrens de sang, s'il falloit les répandre,
J'irois venger Inès, n'ayant pu la défendre;
Dans mes transports cruels renverser tout l'état;
Punir sur mille cœurs cet énorme attentat:
Et du carnage alors ma fureur vengeresse
N'excepte que vos jours et ceux de la princesse.

ALPHONSE.
Gardes, délivrez-moi de cet emportement,
Et qu'il soit arrêté dans son appartement.
Fils ingrat et rebelle, où réduis-tu ton père?
Faudra-t-il immoler une tête si chère?
(à la Reine.) (à Constance.)
Rentrez avec Inès. Ne suivez point mes pas.
Dans ces affreux momens je ne me connois pas.

Fin du troisième Acte.

ACTE IV.

SCÈNE PREMIÈRE.

ALPHONSE, *à un Garde.*

Qu'on m'amène mon fils. Que mon âme est émue !
Quel sera le succès d'une si triste vûe ?
Si toujours inflexible, il brave encor mes lois,
Je vais donc voir mon fils pour la dernière fois.
N'ai-je par tant de vœux obtenu sa naissance ;
N'ai-je avec tant de soins élevé son enfance ;
Et formé sur mes pas, au mépris du repos :
Ne l'ai-je vu si-tôt égaler les héros,
Que pour avoir à perdre une tête plus chère !
N'étoit-il donc, ô ciel ! qu'un don de ta colère ?
Seul, tu me consolois, mon fils ; et sans chagrin ;
Je sentois de mes jours le rapide déclin.
Dans un digne héritier je me voyois renaître :
Je croyois, à mon peuple, élever un bon maître,
Et de ton règne heureux, présageant tout l'honneur,
D'avance je goûtois ta gloire et leur bonheur.
Que devient désormais cette douce espérance !
Tu n'ès plus que l'objet d'une juste vengeance.
Ton père et tes sujets vont te perdre à la fois ;
Ta mort est aujourd'hui le bien que je leur dois.
Ta mort ! Et cet arrêt sortiroit de ma bouche !
La nature frémit d'un devoir si farouche.
Je dois te condamner ; mais mon cœur combatu
Ressent l'horreur du crime en suivant la vertu.
Je ne sais quelle voix crie au fond de mon âme,
Te justifie encor par l'excès de ta flâme ;
Me dit pour excuser tes attentats cruels,
Que les plus furieux sont les moins criminels.
J'ai du moins reconnu que malgré ton ivresse,
Tu n'as point pour ton père étouffé la tendresse ;
J'ai vu qu'au désespoir de me désobéir,
Tu mourrois de douleur, sans pouvoir me haïr.
Mais de quoi m'entretiens-je, et que prétends-je faire ?
Au mépris de mon rang ne veux-je être que père ?
Ah ! ce nom doit céder au nom sacré des rois.
Quittons le diadême, ou vengeons-en les droits.

En pleurant le coupable, ordonnons le supplice;
Effrayons mes sujets de toute ma justice;
Et que nul ne s'expose à sa sévérité,
En voyant que mon fils n'en est pas excepté.

SCENE II.
ALPHONSE, DOM PÈDRE.

ALPHONSE.

LE conseil est mandé, prince, je vais l'entendre.
Vous jugez de l'arrêt que vous devez attendre :
Et quand par vos fureurs vous m'avez offensé,
C'est vous-même, mon fils, qui l'avez prononcé.
Vous pouvez cependant mériter votre grace.
L'obéissance encor peut réparer l'audace.
Tout irrité qu'il est, ce cœur parle pour vous ;
Et je sens que l'amour y suspend le courroux.
Achevez de le vaincre. Un repentir sincère
Peut me rendre mon fils, et va vous rendre un père.
C'est moi qui vous en prie, et dans mon tendre effroi,
Je cherche à vous fléchir, moins pour vous que pour moi.
J'oublirai tout enfin : dégagez ma promesse ;
Il faut aujourd'hui même épouser la princesse ;
Et si vous refusez ce nœud trop attendu.
J'en mourrai de douleur ; mais vous êtes perdu.

D. PEDRE.

Connoissez votre fils, seigneur : malgré son crime,
Il tient encor de vous un cœur trop magnanime.
[Les] plus affreux périls ne sauroient m'ébranler.
[V]ous rougiriez pour moi s'ils me faisoient trembler.
[J]e ne crains point la mort ; et ce que n'a pu faire
[L]'amour et le respect que je porte à mon père,
[Le]s supplices tous prêts ne peuvent m'y forcer.
[V]oilà mes sentimens : vous pouvez prononcer.

ALPHONSE.

[A]h ! pourquoi conserver en méritant ma haine,
[L]e reste de respect qui ne sert qu'à ma peine ?
[La]isse-moi plutôt voir un fils dénaturé,
[U]n ennemi mortel, contre moi conjuré,
[T]out prêt à me percer d'un poignard parricide,
[Q]u'affermis ma justice encore trop timide ;
[E]t quand tu me réduis enfin à le vouloir,
[La]isse-moi te punir au moins sans désespoir.

D. PEDRE.

[J]'ai mérité la mort.

ALPHONSE.
Je t'offre encor la vie.
D. PEDRE.
Que faut-il?
ALPHONSE.
Obéir.
D. PEDRE.
Elle m'est donc ravie.
Je ne puis à ce prix jouir de vos bontés.
ALPHONSE, *aux gardes.*
Faites entrer les grands; et vous, prince, sortez.

SCÈNE III.

ALPHONSE, RODRIGUE, HENRIQUE, *et les autres Grands du Conseil.*

ALPHONSE, *après qu'on s'est placé.*

Que chacun prenne place. Hélas! à mes alarmes
Je vois que tous les yeux donnent déjà des larmes.
D'un trouble égal au mien vous paroissez saisis;
Vous semblez tous avoir à condamner un fils.
Triomphons vous et moi d'une vaine tristesse.
Que la seule justice ici soit la maîtresse.
Ceux que le ciel choisit pour le conseil des rois,
N'ont plus rien à pleurer que le mépris des lois.
Vous savez que l'infant par un refus rebelle,
Des traités les plus saints rompt la foi solemnelle;
Qu'à la tête du peuple aujourd'hui l'inhumain,
A forcé ce palais les armes à la main;
Que content d'éviter l'horreur du parricide,
Il me laissoit en proie à ce peuple perfide,
Qui promettoit ma tête et mon trône à l'ingrat,
Si je n'eusse opposé l'audace à l'attentat.
Vous avez à venger la grandeur souveraine,
Vous avez vu le crime; ordonnez-en la peine:
Vous Rodrigue, parlez.
RODRIGUE.
Le devrois-je, seigneur?
Je vous ai, pour Inès, fait connoître mon cœur.
Peut-être sans l'amour dont elle est prévenue,
De vous-même aujourd'hui je l'aurois obtenue:
L'infant seul, de ma flâme est l'obstacle fatal;
Et vous me commandez de juger mon rival!
Consultez seulement votre propre clémence.
Ce que vous ressentez, vous dit ce que je pense.

Pour ce cher criminel tout doit vous attendrir.
Peut-on délibérer s'il doit vivre ou mourir?
Pardonnez mes transports : mais c'est mettre en balance
La grandeur de l'empire avec sa décadence;
C'est douter si du joug il faut nous dérober,
Et si votre grand nom doit s'accroître, ou tomber.
Eh! quel autre après vous en soutiendroit la gloire?
Qui, sous nos étendarts, fixeroit la victoire?
Vous ne l'avez point vu ; mais vos regards surpris
Auroient à tous ces coups reconnu votre fils;
Et sur quelque attentat qu'il faille ici résoudre,
Dans ses moindres exploits, trouvé de quoi l'absoudre.
Il ose, dites-vous, violer les traités ;
Mais les traités des rois, sont-ils des cruautés?
Faut-il aux intérêts, aux vœux de la Castille,
Immoler sans pitié votre propre famille?
N'avez-vous pas, seigneur, par vos empressemens
Avec assez d'éclat dégagé vos sermens?
Croyez que Ferdinand rougiroit si Constance,
Ne tenoit un époux que de l'obéissance,
Tandis que l'amour peut la couronner ailleurs,
Et lui promet par-tout des sceptres et des cœurs.
Il force le palais : je conviens de son crime;
Mais vous-même jugez du dessein qui l'anime.
Il n'en veut point au trône ; il respecte vos jours ;
Au seul danger d'Inès il donne son secours.
Amant désespéré, plutôt que fils rebelle,
Mérite-t-il la mort d'avoir tremblé pour elle?
Daignez lui rendre Inès ; vous retrouvez un fils
Touché de vos bontés, et d'autant plus soumis.
Je dirai plus encor : s'il le faut, qu'il l'épouse.
Ce mot sort à regret d'une bouche jalouse ;
Mais dussai-je en mourir, sauvez votre soutien;
Sa vie est tout, seigneur, et la mienne n'est rien.

ALPHONSE.

Je reconnois mon sang. Cet effort magnanime,
Même en vous abusant, est bien digne d'estime,
Votre cœur à sa gloire immole son repos;
Et vous prononcez moins en juge qu'en héros;
Mais écoutons Henrique.

HENRIQUE.

Hélas! que puis-je dire!
Dans le trouble où je suis, à peine je respire.
Oui, seigneur, et vos yeux, s'ils voyoient mes douleurs,
Entre dom Pèdre et moi partageroient leurs pleurs.
Dans le dernier combat il m'a sauvé la vie,
Par le fer Africain elle m'étoit ravie ;

Si ce généreux prince, ardent à mon secours,
Au coup prêt à tomber n'eût dérobé mes jours.
C'est donc pour le juger que son bras me délivre !
A mon libérateur, ciel ! pourrois-je survivre !
Plus qu'à son père même il m'est cher aujourd'hui,
Il tient de vous la vie, et je la tiens de lui :
Je sais pourtant, seigneur, que la reconnoissance,
Du devoir d'un sujet jamais ne nous dispense.
Ce sacré tribunal ne m'offre que mon roi ;
Et je ne vois ici que ce que je vous doi.
C'est ma sincérité. Vous l'allez donc connoître,
Dans la peur d'être ingrat, je ne serai point traître.
Dom Pèdre, par son crime, a mérité la mort ;
Et les loix, malgré vous, décident de son sort.
La majesté suprême une fois méprisée,
Sans le sang criminel, ne peut être appaisée ;
Et ces droits qu'aujourd'hui doivent venger vos coups,
Sont ceux de votre rang, et ne sont point à vous.
Quoique d'un tel arrêt la rigueur vous confonde,
Vous en êtes comptable à tous les rois du monde.
Je n'ose dire plus.

ALPHONSE.
Achève.

HENRIQUE.
Je ne puis.

ALPHONSE.
Ne me déguise rien ; tu le dois.

HENRIQUE.
J'obéis.
S'il faut qu'en sa faveur la piété vous fléchisse,
Vous ne règnerez plus qu'au gré de son caprice.
Le peuple qui croira qu'il s'est fait redouter,
Sur ses moindres chagrins prêt à se revolter,
Et méprisant pour lui vos ordres inutiles,
Va livrer tout l'état aux discordes civiles.
Vous verriez tous les cœurs appuyer ses projets ;
Vous n'auriez qu'un vain trône, il auroit les sujets.
Ma parole tremblante à chaque instant s'arrête :
Il a sauvé mes jours, et je proscris sa tête !
Mais je dois à mon roi de sincères avis.
Ma mort acquittera ce que je dois au fils.

ALPHONSE.
De la foi d'un sujet, ô prodige héroïque !
Alphonse en ce moment pourra-t-il moins qu'Henrique ;
Je vois ce qu'il t'en coûte et tu m'apprends trop bien,
Qu'où la justice parle, on doit n'écouter rien.

Oui, oui, de la vertu l'autorité suprême,
L'emporte dans mon cœur sur la nature même.
    (*Aux autres Conseillers.*)
Je vois trop vos conseils. Ce silence, ces pleurs,
M'annoncent mon devoir, en plaignant mes malheurs;
Je condamne mon fils, il va perdre la vie;
C'est à vous, chers sujets, que je le sacrifie.
Quelque crime où l'ingrat se soit abandonné,
Si je n'étois que père, il seroit pardonné.
Consolez-vous: songez que ma propre vengeance
Délivre vos enfans d'une injuste puissance:
Qu'on doit tout redouter de qui trahit la loi;
Et qu'un sujet rebelle est tyran s'il est roi.
L'arrêt en est porté. Que chacun se retire:
Et vous de son destin, Mandoce, allez l'instruire.

SCENE IV.
ALPHONSE, *seul.*

Mais quel sera le mien? malheureux, qu'ai-je fait!
Devoir impitoyable, êtes-vous satisfait?
Je la puis donc goûter cette gloire inhumaine,
Qu'a connue avant moi la fermeté Romaine:
Sevère Manlius, inflexible Brutus,
N'ai-je pas égalé vos féroces vertus;
Je prononce un arrêt que mon cœur désavoue.
Eh bien! que l'univers avec horreur te loue:
Monarque infortuné! mais d'un si grand effort
Je ne souhaite plus d'autre prix que la mort.

SCÈNE V.
ALPHONSE, CONSTANCE, LA REINE.

CONSTANCE.

Seigneur, le croirons-nous ce jugement barbare?
Tout le conseil en pleurs d'avec vous se sépare.
Nos malheurs sont écrits sur ce front éperdu.
Vous avez condamné votre fils!...
ALPHONSE.
      Je l'ai dû.
CONSTANCE.
Pouvez-vous l'avouer? ciel! et puis-je l'entendre!

LA REINE.
Quel supplice cruel pour un père si tendre ?
Et faut-il que l'Infant par sa témérité
Vous ait réduit, seigneur, à la nécessité
De...

ALPHONSE.
Pourquoi jugez-vous sa mort si nécessaire,
Madame, quand j'ai fait ce que je devois faire,
Quand malgré mon amour, j'ose le condamner,
C'est à vous de penser que j'ai dû pardonner.
Je vois trop qu'aujourd'hui mon fils n'a plus de mère :
Je vais le pleurer seul.

SCÈNE VI.
CONSTANCE, LA REINE.

CONSTANCE.

AH ! si je vous suis chère,
Madame, profitez de cet heureux moment ;
Redoublez par vos pleurs son attendrissement ;
Sauvez un malheureux du coup qui le menace ;
Allez, parlez, pressez, vous obtiendrez sa grace.

LA REINE.
Je le suis. De mes soins attendez le succès.

CONSTANCE.
Je remets en vos mains mes plus chers intérêts.

SCÈNE VII.
CONSTANCE.

GARDE, cherchez Inès ; qu'un moment on l'amène.
Je dois l'entretenir par ordre de la Reine.
(*Le Garde sort.*)
Il le faut : pour sauver de si précieux jours,
De ma propre rivale implorons le secours ;
Heureuse qu'il vécût, fût-ce pour elle-même ;
Il n'importe à quel prix je sauve ce que j'aime.

SCENE VIII.
CONSTANCE, INÈS.
CONSTANCE.
Dom Pèdre est condamné, madame,
INÈS.
O désespoir !
CONSTANCE.
Vous savez mon amour, et vous avez pu voir
Que malgré ses refus, malgré ma jalousie,
Je ne connois encor d'autre bien que sa vie.
La Reine va tâcher de fléchir un époux ;
Moi-même je ne puis qu'embrasser ses genoux :
Mais quel foible secours contre un roi si sevère !
Si pour le mieux servir votre amour vous éclaire,
Vous savez quels amis peuvent s'unir pour lui,
Par quelle voie il faut s'en assûrer l'appui :
Je suis prête à tenter, pour obtenir qu'il vive,
Tout ce que vous feriez si vous n'étiez captive ;
Vos conseils sont les loix que vous m'allez dicter,
Et qu'au prix de mes jours je cours exécuter.
INÈS.
Dans un trouble si grand j'ai peine à vous répondre.
Mes frayeurs, vos bontés, tout sert à me confondre :
Le prince ne vous doit paroitre qu'un ingrat ;
D'un outrage apparent vous avez vu l'éclat ;
Je ne suis à vos yeux qu'une indigne rivale ;
Cependant...
CONSTANCE.
Qu'aujourd'hui la vertu nous égale :
Le prince nous est cher, songeons à le sauver,
Et sans autre intérêt que de le conserver.
INÈS.
Ce discours généreux raffermit ma constance.
Il me reste, madame, encor une espérance.
Vous seule auprès du roi m'ouvrant un libre accès,
Pouvez de mes desseins préparer le succès.
La reine arrêteroit ce que j'ose entreprendre.
Parlez vous-même au roi ; qu'il consente à m'entendre.
J'espère, en le voyant, désarmer son courroux ;
Je sauverai le prince, et peut-être pour vous.
CONSTANCE.
Vous me feriez, madame, une injure cruelle,
De penser que ce mot pût redoubler mon zèle.

E

Mon cœur brûle pour lui d'un feu plus généreux.
L'honneur de le sauver est tout ce que je veux.
Rentrez. Je vais au roi faire parler mes larmes.
Puisse aujourd'hui le ciel vous prêter d'autres armes;
Qu'il redonne le prince à nos vœux empressés ;
Il n'importe pour qui; qu'il vive, c'est assez.

Fin du quatrième Acte.

ACTE V.

SCÈNE PREMIERE.

LA REINE, CONSTANCE.

LA REINE.

Qu'avez-vous obtenu? vous êtes outragée,
Ma fille, et vous semblez craindre d'être vengée?
Quels sont donc vos desseins? et pour quels intérêts
Prétendez-vous qu'Alphonse écoute encore Inès?
Pourquoi loin de sentir une injure cruelle,
Mendier par vos pleurs une injure nouvelle?
Vous exposer à voir deux amans odieux.
De vos maux et des miens triompher à nos yeux.

CONSTANCE.

Ah ! sans me reprocher ma pitié généreuse,
Souffrez que la vertu du moins me rende heureuse.
C'est pour ne point rougir des affronts qu'on m'a faits,
Qu'il faut ne m'en venger que par mes seuls bienfaits.
Quand Lisbonne avec vous a reçu votre fille,
Ses peuples bénissoient les dons de la Castille ;
Leurs cris remplissoient l'air de plus tendres souhaits;
Ils croyoient avec moi voir arriver la paix.
Quelle paix, juste ciel ! quelle paix sanguinaire !
Je leur apportois donc la céleste colère?
Je venois diviser les cœurs les plus unis,
Et par la main du père assassiner le fils?
Quoi ! leurs pleurs désormais accuseroient Constance
De la mort d'un héros, leur unique espérance?
Hélas ! ce seul penser redouble mes terreurs.
Puisse l'heureuse Inès prévenir ces horreurs.
Je n'ose me flatter du succès qu'elle espère;
Mais, madame, à ce prix, qu'elle me seroit chère !

LA REINE.
Et moi dans les chagrins que tous deux m'ont donnés,
Je le hais d'autant plus que vous les pardonnez.
Je ne puis voir trop tôt expirer mes victimes ;
Vous avoir méprisée, est le plus grands des crimes.
Et comment d'un autre œil verrois-je l'inhumain,
Qui vous fait le jouet d'un farouche dédain ?
Dom Pèdre a pu lui seul vous faire cet outrage.
C'est un monstre odieux trop digne de ma rage.
Je sens pour vous l'affront que vous ne sentez pas ;
Et je voudrois payer sa mort de mon trépas.

CONSTANCE.
Vous voulez donc le mien ?

LA REINE.
L'aimeriez-vous encore ?

CONSTANCE.
Oui : tout ingrat qu'il est, madame, je l'adore.
Cachez-moi les transports d'une aveugle fureur ;
Ce sont autant de coups dont vous percez mon cœur.

LA REINE.
Il en est plus coupable. O fille infortunée !
A quels affreux destins êtes-vous condamnée ?
Je ne sais ce qu'Inès peut attendre du roi ;
Mais enfin, son espoir m'a donné trop d'effroi.
S'il faut qu'à ses discours Alphonse s'attendrisse,
S'il pouvoit de l'ingrat révoquer le supplice,
Croyez que du succès qu'Inès ose tenter,
Son orgueil n'auroit pas long-tems à se flatter.
Je ne dis rien de plus. La fureur qui m'anime
Vous laisse vos vertus, et se charge du crime.

CONSTANCE.
Ah ! par pitié pour moi sauvez ces malheureux.

LA REINE.
C'est par pitié pour vous que je m'arme contr'eux.

CONSTANCE.
Faut-il que votre amour aigrisse mes alarmes ?

SCÈNE II.

ALPHONSE, LA REINE, CONSTANCE.

ALPHONSE.
Princesse, je n'ai pu résister à vos larmes.
Je vais entendre Inès ; on la conduit ici :
Mais elle espère en vain... Laissez-moi, la voici.

LA REINE.
Songez, en l'écoutant, qu'elle est la plus coupable.

CONSTANCE.
Seigneur, jettez sur elle un regard favorable.

SCENE III.
ALPHONSE, INÈS, UN GARDE.
INÈS.

C'est, je n'en doute point, pour la dernière fois
Que j'adresse à mon prince une timide voix.
Mais avant tout, seigneur, agréez que ce garde,
Que je viens d'informer du soin qui me regarde,
Aille dès ce moment...
####ALPHONSE.
Il faut vous l'accorder.
(*Au garde.*)
Faites ce qu'elle veut.
INÈS, *au garde.*
Revenez sans tarder.

SCENE IV.
ALPHONSE, INÈS.
INÈS.

Vous l'avez condamné, seigneur, malgré vous-même;
Ce fils que vous aimez, ce héros qui vous aime;
Et ce front tout couvert du plus affreux ennui,
Marque assez la pitié qui vous parle pour lui.
Vous ne l'écoutez point : l'inflexible justice
De tous vos sentimens obtient le sacrifice.
Vous voulez aux dépens des destins les plus chers,
D'une vertu si ferme étonner l'univers.
Soyez juste : des rois c'est le devoir suprême :
Mais le crime apparent n'est pas le crime même.
Un ingrat, un rebelle est digne du trépas;
A ces titres, seigneur, votre fils ne l'est pas.
Si malgré les traités il refuse Constance,
Ce n'est point un effet de désobéissance.
En forçant ce palais les armes à la main,
Il n'a point attenté contre son souverain.
Il vous pouvoit d'un mot prouver son innocence;
Mais il croit me devoir ce généreux silence;
Et pour lui dédaignant un facile secours,
Il aime mieux mourir que d'exposer mes jours.

C'est à moi d'éclaircir la justice d'Alphonse;
Que sur la vérité votre bouche prononce;
Ces crimes qu'aujourd'hui poursuit votre courroux;
Le devoir les a faits; le prince est mon époux.

ALPHONSE.
Mon fils est votre époux? Ciel! que viens-je d'entendre?
Et sur quelle espérance osez-vous me l'apprendre?
Quand vous voyez pour lui l'excès de ma rigueur,
Pensez-vous pour vous-même attendrir mieux mon cœur?

INÈS.
Ah! seigneur, mon aveu ne cherche point de grace.
D'un plus heureux succès j'ai flatté mon audace;
Et je ne prétends rien, en vous éclaircissant,
Que livrer la coupable, et sauver l'innocent.
Seule, j'ai violé cette loi redoutable
Que vous m'avez tantôt jurée inviolable;
J'ai mérité la mort : mais, seigneur, cette loi
N'engageoit point le prince, et ne lioit que moi.
Je ne m'excuse point par l'amour le plus tendre,
Par le péril pressant dont il falloit défendre
Un fils que vos yeux même ont vu prêt à périr,
Que le don de ma foi pouvoit seul secourir;
A mes propres regards j'en suis moins criminelle;
Mais aux vôtres, seigneur, je suis une rebelle,
Sur qui ne peut trop tôt tomber votre courroux,
Trop flattée à ce prix de sauver mon époux!
En me donnant à lui j'ai conservé sa vie;
Pour le sauver encore Inès se sacrifie;
Je me livre sans craindre aux plus sévères lois;
Heureuse d'avoir pu vous le sauver deux fois.

ALPHONSE.
Non, non, quelque pitié qui cherche à me surprendre,
Même de vos vertus je saurai me défendre;
Rebelle, votre crime est tout ce que je vois;
Et je satisferai mes sermens et les lois.

SCÈNE V.

ALPHONSE, INÈS, *et ses deux Enfans,*
amenés par une Gouvernante.

INÈS.

EH bien, seigneur! suivez vos barbares maximes:
On vous amène encor de nouvelles victimes.
Immolez sans remords, et pour nous punir mieux,
Ces gages d'un hymen si coupable à vos yeux.
Ils ignorent le sang dont le ciel les fit naître:
Par l'arrêt de leur mort faites-les reconnoître:
Consommez votre ouvrage, et que les mêmes coups
Rejoignent les enfans, et la femme et l'époux.

ALPHONSE.

Que vois-je? et quels discours! que d'horreurs j'envisage!

INÈS.

Seigneur, du désespoir pardonnez le langage.
Tous deux à votre trône on des droits solemnels.
Embrassez, mes enfans, ces genoux paternels.
D'un œil compatissant regardez l'un et l'autre;
N'y voyez point mon sang, n'y voyez que le vôtre.
Pourriez-vous refuser à leurs pleurs, à leurs cris
La grace d'un héros, leur père et votre fils?
Puisque la loi trahie exige une victime,
Mon sang est prêt, seigneur, pour expier mon crime:
Epuisez sur moi seule un sévère courroux;
Mais cachez quelque tems mon sort à mon époux;
Il mourroit de douleur, et je me flatte encore,
De mériter de vous ce secret que j'implore.

ALPHONSE, *au garde.*

Allez chercher mon fils. Qu'il sache qu'aujourd'hui
Son père lui fait grace, et qu'Inès est à lui.

INÈS.

Juste ciel! quel bonheur succède à ma misère!
Mon juge en un instant est devenu mon père!
Qui l'eût jamais pensé, qu'à vos genoux, seigneur,
Je mourrois de ma joie, et non de ma douleur.

ALPHONSE.

Ma fille, levez-vous. Ces enfans, que j'embrasse,
Me font déjà goûter les fruits de votre grace:
Ils me font trop sentir que le sang a des droits
Plus forts que les sermens, plus puissans que les lois.
Jouissez désormais de toute ma tendresse.
Aimez toujours ce fils que mon amour vous laisse.

INÈS.

Quel trouble! que deviens-je, et qu'est-ce que je sens?
Des plus vives douleurs quels accès menaçans!
Mon sang s'est tout à coup enflâmé dans mes veines.
Eloignez mes enfans: ils irritent mes peines.
Je succombe, j'ai peine à retenir mes cris.
Hélas! seigneur, voilà ce qu'a craint votre fils.

ALPHONSE.

Ah! je vois trop d'où part cet affreux sacrifice,
Et la perfide main qu'il faut que j'en punisse.
Malheureux! où fuirai-je? et de tant d'attentats...

SCÈNE VI.

ALPHONSE, D. PÈDRE, INÈS.

D. PÈDRE, *sans voir Inès.*

Seigneur, à mes transports ne vous dérobez pas.

ALPHONSE.

Laissez-moi...

D. PÈDRE.

Permettez qu'à vos pieds je déploie
Et ma reconnoissance, et l'excès de ma joie.
Vous me rendez Inès.

ALPHONSE.

Prince trop malheureux!
Je te la rends en vain, nous la perdons tous deux.
Tu la vois expirante.

D. PÈDRE, *tombant entre les bras de dom Fernand.*

Ah! tout mon sang se glace.

INÈS, *à dom Pèdre.*

J'éprouve en même tems mon supplice et ma grace.
Cher prince, je ne puis me plaindre de mon sort,
Puisqu'un moment, du moins dans les bras de la mort,
Je me vois votre épouse avec l'aveu d'un père;
Et que ma mort lui coûte une douleur sincère.

D. PÈDRE.

Votre mort! Que deviens-je à ces tristes accens?
Quel affreux désespoir a ranimé mes sens!
Inès, ma chère Inès, pour jamais m'est ravie!
(*Il veut se frapper.*)
Ce fer m'est donc rendu pour m'arracher la vie?

ALPHONSE.

Ah! mon fils, arrêtez.

D. PÈDRE.

Pourquoi me secourir?
Soyez encor mon père, en me laissant mourir.

(Se jettant aux pieds d'Inès.)
Que j'expire à vos pieds ; et qu'unis l'un à l'autre,
Mon âme se confonde encor avec la vôtre.
INÈS, *d'une voix foible et presque éteinte par la douleur.*
Non, cher prince, vivez : plus fort que vos malheurs,
D'un père qui vous plaint, soulagez les douleurs :
Souffrez encor, souffrez qu'une épouse expirante,
Vous demande le prix des vertus de l'Infante.
Par ses soins généreux songez que vous vivez :
Puisse-t-elle jouir des jours qu'elle a sauvés !
Plus heureuse que moi... Consolez votre père.
Mais, n'oubliez jamais combien je vous fus chère.
Aimez nos chers enfans ; qu'ils soient dignes... Je meurs ;
Qu'on m'emporte.

ALPHONSE.
Comment survivre à nos malheurs ?

F I N.

www.ingramcontent.com/pod-product-compliance
Lightning Source LLC
Chambersburg PA
CBHW060511050426
42451CB00009B/927